Raphael Guillard

Astuces et systèmes D

Conseils et filons pour gagner de l'argent avec Internet

Edilivre

Par ces temps de crise, créer son entreprise, trouver un emploi stable et obtenir un salaire convenable devient difficile surtout avec les charges à payer dès la création d'une entreprise, lorsqu'on désire l'indépendance et si l'on se trouve non diplômé.

Bien sur je ne vais pas vous faire croire que vous allez gagner des millions grâce à mes astuces, mais vous allez pouvoir bien arrondir vos fins de mois.

LES JEUX SUR INTERNET

Beaucoup d'ouvrages pour vous guider à gagner de l'argent sur internet ont déjà été écrits, mais les directions données ne sont guère florissantes.

En effet, dans ces ouvrages, on vous dirige vers les sites rémunérateurs pour lire des mails, visionner des publicités… La liste de ces sites est très longue, mais avec 1 centime à gagner par mails lus, vous n'irez pas bien loin. De plus, ces sociétés sont peu fiables (elles peuvent fermer du jour au lendemain) et elles ne vous donnent l'argent gagné que lorsque vous atteignez un seuil de 20 €. Il vous faut donc attendre longtemps avant de toucher votre chèque.

Pour profiter au mieux d'internet, www.radins.com est le site le plus fiable et sérieux. Il rassemble tous les bons plans gratuits (codes promo, échantillons de parfums, crèmes, etc…). Dans la rubrique échantillons, vous pouvez recevoir aussi des albums cd, des logiciels et dvd… Et ce n'est pas parce que c'est gratuit, qu'ils sont de mauvaise qualité, au contraire, ils sont en parfait état. Vous devez faire vite car les stocks sont limités et partent rapidement. Il faut donc faire un tour sur le site tous les jours pour bien en profiter. En revanche, il est interdit de revendre certains cadeaux car ce sont souvent des cd promotionnels pour le lancement de nouveaux artistes.

Le site qui rassemble le mieux les bons de réductions alimentaires est : www.croquonslavie.fr.

Un autre grand avantage d'internet est de pouvoir jouer aux concours gratuits, des concours par tirages au sort. Le site le plus complet en la matière est www.toutgagner.com. Ce site répertorie tous les concours sérieux et écarte toutes les arnaques. Il rassemble les concours de tous les sites et des grandes marques (radios, télévisions, etc…). L'avantage de ce site : il a déjà fait le travail pour vous : il vous donne toutes les réponses aux questions et vous n'avez plus qu'à remplir chaque formulaire des concours en mentionnant votre adresse postale. Certains concours sont créatifs, comme par exemple, imaginer une recette de cuisine, faire une vidéo ou poster une photo, etc.. Vous pouvez trier et choisir les concours par thèmes : par exemple, si vous préférez les voyages, vous n'aurez que les concours qui rassemblent les voyages. Le site offre aussi une rubrique très complète sur les promos et les réductions. La plupart des concours vous proposent de parrainner vos amis pour multiplier vos chances. N'hésitez pas à le faire si ça ne les dérangent pas.

Le site vous propose aussi un logiciel à télécharger, un robot qui remplira les formulaires pour vous (ce logiciel est payant après 30 jours d'utilisation).

Ce « travail » sur internet peut vous prendre entre 1 h et 2 h par jour selon votre dextérité à utiliser votre clavier. Il faut être persévérant et motivé. Ce n'est pas en faisant une semaine de concours et en laissant tomber que ça va marcher. En allant chaque jour sur ce site, vous obtiendrez chaque fois une nouvelle page de concours (du lundi au vendredi), Vous pouvez vous abonner à leur « newsletter » pour recevoir par mail chaque page de concours. D'ailleurs, un grand concours est réservé aux abonnés de la newsletter. Il suffit de cliquer chaque jour en bas de la newsletter pour valider votre bulletin du jour et pour gagner le cadeau du mois. En jouant tous les jours, vos probabilités de gagner sont énormes, surtout avec les concours présentant beaucoup de lots (500 dvd, 1000 livres, etc...). Il est conseillé de faire une page de concours quotidiennement et de ne pas prendre du retard, car si vous faites des pages de concours qui datent de 2 ou 3 jours, la date limite de participation de certains concours risque d'être dépassée !

Si vous avez peur de recevoir des publicités ou des spams dans votre boite mail, créer vous une adresse mail spéciale pour les concours.

Au départ, vous êtes sceptique et pensez qu'en raison du grand nombre de joueurs, vous n'avez aucune chance. En fait, il n'en est rien, et lorsque vous recevrez votre premier paquet par la poste, cela vous motivera encore plus pour continuer.

Pour preuve, mon expérience personnelle : depuis que je passe une heure chaque jour à remplir les formulaires, j'ai gagné de façon assez régulière, des petits lots et même des gros lots. En petit lot, j'ai gagné : dvd, tee-shirts, livres, jeux vidéos, cd, etc...., et en gros lots : télé plasma, Ipad, meubles, bons d'achats.

Beaucoup de personnes arrivent à vivre des concours comme le montrent certains reportages vus à la télévision. Mais certains payent souvent pour jouer, ce qui à mon sens n'est plus très rentable car lorsqu'il faut faire des courriers postaux, envoyer des sms ou acheter plusieurs journaux, cela peut vite couter cher. Avec www.toutgagner.com, vous avez le privilège de la gratuité et du gain de temps grâce aux réponses fournies par le site.

En dehors des tirages au sort, le site offre une page « instant gagnant ». Ce sont des concours à gains immédiats. Sans attendre un tirage au sort, vous savez tout de suite si vous gagner. En effet, les lots étant programmés à certaines heures, jouez aux instants gagnants « ouvert » et non « fermer ». Les jeux à instants gagnants ouverts durent en moyenne entre une heure et trois heures. Si vous jouez dans la bonne tranche horaire vous gagnez, alors que jouer à un instant gagnant « fermé » est une perte de temps puisqu'il faut être connecté à la bonne minute. La aussi, j'ai gagné souvent !

Jouant depuis des années, je peux dire que j'ai le plus souvent gagné la nuit que le jour ; le jour : entre 11h et 12h et entre 19h et 20h, mais entre 3h et 4h du matin, j'ai eu beaucoup plus de chance. Tous ces lots gagnés, vous pouvez les revendre sur internet et ainsi, vous constituez des revenus non négligeables.

LA VENTE SUR INTERNET

Vu le nombre de sites et blogs existants, la concurrence est rude et même en créant votre propre site, vous n'arriverez pas à attirer autant de visiteurs, et surtout d'acheteurs, que les sites géants qui ont la médiatisation avec eux. De plus, avoir un intermédiaire sérieux en cas de litige est plutôt rassurant. Ce qui n'est pas le cas avec votre site.

Le site le plus sérieux, le plus visité, le plus médiatisé reste pour moi, comme pour beaucoup : www.priceminister.com. Contrairement à Ebay, Priceminister n'est pas un site d'enchère. De plus, c'est un site basé en France, ce qui n'est pas le cas d'Ebay. En cas de litige, aucun intermédiaire du site ne vous viendra en aide ; et puis vous êtes dans l'obligation d'utiliser Paypal pour vos achats et ventes, ce qui vous oblige à payer 2 commissions : celle de Paypal et celle d'Ebay.

Au contraire, sur priceMinister on sait à l'avance combien de personnes sont intéressées par le produit (pour cela il suffit de cliquer sur la case « vendre »).

L'inscription est gratuite et vous pouvez vendre, en tant que particulier ; en revanche, si vous dépassez de très grandes sommes par mois, vous devrez passer professionnel (voir le règlement du site).

Ce site vous offre une option alléchante : le parrainnage ! En inscrivant dans la case prévue à cet effet les adresses e-mails de votre famille, amis, etc... ces derniers recevront un bon d'achat de 7 euros sans minimum d'achat (à bien préciser à vos amis), car en général les gens se méfient des bons d'achats (ils se disent qu'il ya toujours un minimum à payer). Sur ce site, il n'y a rien à débourser hormis les frais de port. A noter que le bon d'achat offert est valable uniquement pour un premier achat. Dès que vos amis passent commande, vous recevrez à votre tour un bon d'achat. Vous pouvez parrainez jusqu'à 100 personnes, ce qui peut vous faire gagner jusqu'à 700 euros !

QUELLES MARCHANDISES A ACHETER A BAS PRIX ET OU ?

Au départ, je commandais sur des sites de déstockages ou à l'étranger, mais ce n'était pas la bonne solution car sur ces sites, on rencontre beaucoup d'arnaques : contrefaçons, sous-marques, prix élevés, produit bas de gamme, etc... Pour commander des produits à bas coût à l'étranger, il en est de même car avec les frais de port et de douane, on ne gagne rien !

Le meilleur filon reste le vide-grenier. Là, aucun frais de port à payer, la possibilité de marchander (voir mes conseils plus loin). De plus, la plupart des vendeurs n'y connaissent rien. Vous pouvez trouver des vide-greniers près de chez vous. Leurs adresses et les dates, sur la France entière, figurent sur le site www.vide-greniers.org.

Cibler les articles : c'est le plus important de bien cibler ses achats et de les acheter le plus bas possible.

Inutile d'acheter des meubles ou autre bibelots ; il faut acheter ce qui est tendance et les produits de collections. Les jeux vidéos et dvd, les coffrets dvd (séries tv) seront de bons investissements ainsi que les livres anciens et les anciennes bandes dessinées comme la série Tintin, Spirou, Mickey ; les grands classiques restent indémodables et deviennent de plus en plus chers avec le temps. Pour les albums musicaux en cd, les collectionneurs recherchent les vieux cd de collections des années 60/70. Si vous trouvez des jeux vidéos pour consoles, privilégier les jeux les plus cultes : Super Mario, Prince of Persia, Tomb Raider, etc... Je déconseille d'acheter des produits multimédias qui sont d'un trop grand risque car on ne peut pas essayer le produit sur place.

Bien sûr, on n'est jamais certain de connaitre à l'avance ce qui pourra être bien revendu sur internet.

Voici donc les techniques pour bien choisir :

– Pour un dvd : regarder au dos la date ; plus la date est récente, plus il sera rentable. Méfiez-vous : sans code barre au dos ou s'il est inscrit « interdit à la revente ». Cela veut dire que la personne du vide-grenier revend un dvd qui a été offert (avec un journal ou autre...). Vous n'aurez donc pas le droit de le revendre sur internet. Privilégier les dvd qui sont sous plastique, c'est un plus pour la revente car cela garanti l'état neuf.

– Pour un jeu vidéo pc : beaucoup de gens vendent leurs vieux jeux pc. Même s'ils datent, certains sont demandés sur internet et peuvent devenir collection. Pour les jeux, inutile de regarder la date mais au contraire, bien se renseigner sur la configuration et le système d'exploitation nécessaire pour utiliser le jeu. Si le jeu est compatible avec Windows 95,98, vous pouvez oublier car il faut que le jeu soit compatible avec les systèmes d'exploitation qui existent encore : acheter seulement si le jeu est compatible au minimum avec le système Windows xp.

Si vous avez affaire à des vendeurs qui vendent beaucoup de dvd et de jeux pc cela va être difficile de faire un tri. Ce sera un peu la loterie et il va vous falloir accepter un peu de pertes dans vos achats, car tout ne pourra pas se revendre avec bénéfice sur internet. Je me souviens d'une bonne affaire lorsque je suis tombé sur un vendeur voulant se débarrasser au plus vite de ses dvd ; il m'a vendu les 10 pour 5 euros le lot ! A ce prix là, je n'ai pas fais de tri, j'ai juste vérifié si les cd étaient bien à l'intérieur de leur coffret ! Dans ce lot, il se trouvait un dvd collector, recherché par les collectionneurs, que j'ai revendu 50 euros à lui tout seul !

En effet, un dvd, un livre ou même un jeu pc peut devenir collection s'il devient introuvable ou s'il n'est plus réédité. N'hésitez pas à vendre au prix fort si vous voyez que votre article est demandé par des acheteurs sur le site et d'autant plus si vous êtes le seul à le vendre. En effet, sans concurrence, on peut se permettre de vendre à un prix élevé !

N'oubliez pas que vous êtes dans un vide-grenier et non dans un magasin, il va falloir marchander. Ce sera le plus gros de votre travail, car vous savez que vous devrez revendre plus cher sur internet. Donc, plus vous achetez bas et plus vous gagnerez par la suite.

TECHNIQUES POUR MARCHANDER

En premier lieu, tout d'abord demandez le prix à l'unité du dvd ou du jeu pc, ensuite quel serait le prix pour un lot de 10, 20… Si le prix reste encore élevé, n'hésitez pas à trouver des défauts à la marchandise pour persuader le marchand à baisser son prix ; dites lui que ce sont des jeux qui sont très vieux, mentionnez l'année, faites ressortir qu'il n'ya pas de notice (si c'est le cas) ; proposez vous-même le prix qui vous convient. Si le vendeur refuse de baisser le prix, jouez un coup de poker. Reposez les jeux et partez ! Revenez 5 minutes plus tard et dites au vendeur qu'ils vous intéressent quand même ! Les vendeurs ont tellement envie de s'en débarrasser qu'ils ont peur de rater un client. Il m'est arrivé de demander le prix d'un dvd : 1 euro ! J'ai reposé le dvd, je suis parti et à mon retour, le vendeur m'a dit : allez 50 centimes !

ASTUCES POUR ACHETER DIRECTEMENT SUR PRICEMINISTER ET REVENDRE PLUS CHER

Je conseillerai d'aller chercher dans la rubrique des jeux vidéos, Wii ou Xbox, dans la catégorie à moins de 3 euros. Il faut guetter régulièrement la bonne affaire. Beaucoup de personnes passent leur temps à cela, car les prix bas ne durent pas longtemps sur le site et il faut être le premier à en profiter en commandant vite. Nombreuses sont les personnes à vérifier régulièrement si les prix baissent ou si leur article est disponible. Vérifier si un jeu est beaucoup demandé par les acheteurs et si le nombre de ces derniers est égal ou supérieur à 10 personnes, je conseille d'acheter. S'il y a moins de 10 personnes intéressées, il n'est pas conseillé d'acheter.

Attention : ne pas acheter à des vendeurs étrangers (la localisation du vendeur est mentionnée sur le site) car la version du jeu ne sera pas française et les frais de port seront encore plus élevés. Pour vous donner un exemple positif : j'ai pu acheter un jeu à 2 euros + frais de port à 2.90 euros : 4.90 euros.

Une fois le jeu reçu, j'ai pu le revendre à 15 euros ! Avec la commission prise par le site cela ne fait que quelques euros de bénéfice, mais si on répète cette même opération souvent, cela peut faire grimper les profits.

N'hésitez pas là aussi, comme pour le vide grenier, à négocier le prix (une fonction existe pour cela si le vendeur accepte cette option)

Vous pouvez aussi repérer des articles très demandés par des acheteurs (cliquez sur la case vendre, présente sur chaque article du site, pour voir combien de personnes sont intéressées) ; ensuite, cherchez cet article moins cher ailleurs avec les sites de comparateurs de prix sur internet. Pour cela, tapez le nom de l'article sur Google et la liste des comparateurs de prix s'affichera. Quand vous avez trouvé l'article au prix le plus bas, calculez votre bénéfice en tenant compte des frais de port et de la commission prise par le site vendeur. Une fois ce calcul fait, achetez si c'est rentable et mettez votre annonce sur priceminister, une fois votre article reçu. Votre annonce doit attirer l'œil. Proposez toujours moins cher que la concurrence.

Votre annonce doit être très complète et très attractive pour rassurer l'acheteur et vous démarquer de la concurrence : « jeu comme neuf, avec boite et notice, envoi le jour même de la commande ».

Rien ne vous empêche aussi d'acheter et de revendre des produits plus chers (même si vous risquez de ne pas les vendre). Je conseille de commencer par acheter des articles à petits prix car ils sont les plus demandés. Privilégiez les produits multimédias : tablettes tactiles, baladeurs, ordinateurs, téléphones, etc. Mais, avant de dénicher la bonne affaire, n'oubliez pas d'aller faire un tour sur www.radins.com qui rassemble tous les bons codes promos du moment.

EMBALLAGE, ENVOI DE LA MARCHANDISE ET AFFRANCHISSEMENT

Economisez de l'argent en faisant vous même vos emballages ; n'allez pas à la poste en achetant des enveloppes ou colis tout prêts, n'achetez pas les enveloppes à bulles qui coûtent chers, en raison de vos nombreux envois. Réutilisez les emballages que vous recevez quand vous passez commande vous même. Enlevez les timbres, scotchez une feuille blanche par dessus votre adresse. Sinon, achetez un rouleau de papier kraft ainsi que du papier bulle pour faire vos envois. Pour économiser encore, achetez une enveloppe à bulle grand format. Si vous voulez par exemple envoyer 4 dvd, posez les sur l'enveloppe et délimitez la place prise par ces 4 dvd en traçant 2 lignes avec un stylo. Découpez ensuite l'enveloppe pour en faire 4 qui vous serviront chacune à l'envoi d'un dvd, ensuite, scotchez les bords avec du gros scotch pour les colis. Pour les gros colis, récupérez des cartons que vous pouvez vous procurer dans les grandes surfaces.

Attention de ne pas faire de gaspillage lors de vos affranchissements, car sur Priceminister, quand l'acheteur vous demande d'envoyer en envoi normal et que votre colis pèse moins d'un kilo, vous pouvez envoyer en lettre prioritaire (inutile dans ce cas d'envoyer en colissimo). Certains sites remboursent les frais d'envois. Si la poste considère que votre envoi doit être envoyé en colis (cela coûte bien plus cher) et que l'employé refuse de prendre votre envoi, déposez-le dans une grosse boite au lettre sur la voie publique.

Pour gagner de l'argent sur tous les tableaux, passez par un site de Cashback pour aller sur Priceminister. De cette manière, avant chacune de vos commandes sur le site, un pourcentage vous sera reversé sur votre compte. L'inscription est gratuite et vous offre 3 euros au départ. On peut demander un chèque à partir de 20 euros. Cela peut rapporter beaucoup si on commande souvent. Je conseille le site www.igraal.com qui regroupe les sites par thèmes pour commander vos articles en profitant du Cashback. De plus, il y a une fonction de parrainnage.

Plus vos amis font des achats en passant par le site et plus votre crédit montera. Le nombre de filleuls est illimité !

Autre astuce pour économiser quand vous commandez sur Priceminister : regardez toujours la boutique du vendeur pour voir si d'autres articles peuvent vous intéresser car en commandant plus d'un article dans la boutique d'un même vendeur, les frais de port deviennent dégressifs.

Parallèlement au Cashback, il existe le site www.maximiles.com où il faut collectionner des points que vous échangerez plus tard contre des cadeaux. Vous pouvez passer par ce site pour commander. Vous recevrez aussi des sondages par mail pour gagner plus de points. C'est le meilleur site de sondages et le plus rentable.

Votre fidélité peut aussi être récompensée si vous faites vos courses dans les mêmes magasins : carrefour, monoprix, casino, intermarché etc. Demandez une carte de fidélité et pensez à la faire valider à chacun de vos achats. Les points crédités pourront s'échanger contre des cadeaux, des bons d'achats sur leurs sites.

De plus, il y a beaucoup de concours sur www.toutgagner.com. ou l'on vous demande votre numéro de carte d'adhérent afin de pouvoir y participer.

Voila, je pense vous avoir guidé au mieux pour vous faire gagner et économiser de l'argent.

Si vous êtes patient, persévérant et si vous êtes convaincant avec les gens, vous arriverez à être un champion du système D.

Bon courage à tous !

Cet ouvrage a été composé par Edilivre

175, boulevard Anatole France – 93200 Saint-Denis
Tél. : 01 41 62 14 40 – Fax : 01 41 62 14 50
Mail : client@edilivre.com

www.edilivre.com

Tous nos livres sont imprimés
dans les règles environnementales les plus strictes

ISBN papier : 978-2-332-67877-5
ISBN pdf : 978-2-332-67878-2
ISBN epub : 978-2-332-67876-8
Dépôt légal : mars 2014

Imprimé en France, 2014

www.ingramcontent.com/pod-product-compliance
Lightning Source LLC
LaVergne TN
LVHW100201061126
851857LV00010B/360
* 9 7 8 2 3 3 2 6 7 8 7 7 5 *